늘 설레는
좋은 날 되소서.

다올 심 헌 수 드림

그리움이 시가 된다

그리움이 시가 된다

심헌수 시집

육일문화사

| 첫 시집을 내며 |

지난 세월 닫혀있었던
어둠의 긴 시간
나의 작은 마음과 생각을
한 권의 책으로 엮어
세상 밖으로 내밀어본다
빈 공간 속에서
쓰다 지우기를 반복하며
나를 토닥였던 아픔의 세월
그 누구에게도 털어놓지 못했던 말
가슴속 낱말을 맞추고 보니
구절은 시가 되었고
주마등처럼 스쳐 갔던 순간들을 모아
기해년 십이월
『그리움이 시가 된다』
첫 시집을 발간하게 되었다
책으로 펴낸다는 기쁨보다
독자 앞에 나아가는
두려움이 먼저 앞선다

2019년 12월

심 현 수

| 차례 |

■ 첫 시집을 내며

제1부

시월의 국화 향기 ············ 13
이야기 ···················· 14
당신은 접시꽃 ············· 16
다솜아 유월이다 ··········· 17
아가야 ···················· 18
도道 ······················ 19
달빛 그림자 ··············· 20
되돌릴 수 있을까 ·········· 21
아차 ······················ 22
봄바람 청춘 ··············· 24
나이 ······················ 25
내 마음 풍금 치면 ·········· 26
노란 미소 ················· 27
세월 따라가는 청춘 ········· 28
어머니 ···················· 30
들꽃 ······················ 31
백두산 ···················· 32
광대와 글쟁이 ············· 34
여름 풍경 ················· 36
촛불처럼 ················· 37
바람 그리고 가을 ·········· 38
빈 가슴 ··················· 39
피었다 시들면 ············· 40
청사포 가는 길 ············ 41
너른 마당 찻집에서 ········· 42
동백꽃 피는 날 ············ 44

제2부

- 장독간 … 47
- 무언의 대화 … 48
- 달밤 … 49
- 부모님 전 상서 … 50
- 솔바람 … 52
- 새싹 돋는 날 … 53
- 달빛은 저리도 고운데 … 54
- 바람 타고 가는 이별 … 55
- 꽃님아 … 56
- 동심 … 57
- 꽃잔에 담은 … 58
- 봄이 오는 소리 … 59
- 하얀 얼굴 … 60
- 마음 … 61
- 들풀 … 62
- 골목길 비석치기 … 63
- 당신은 꽃잎 … 64
- 합천 가는 길목에서 … 65
- 어디로 가겠소 … 66
- 꽃이 피네 … 67
- 하얀 민들레 … 68
- 바람의 향기 … 70
- 연정 … 71
- 봄비 내리는 … 72
- 마음은 겸손이라 … 73
- 빗방울 소리 … 74

제3부

저 소리가 …………… 77
상념 …………………… 78
유월의 시 Ⅰ ………… 79
노을처럼 ……………… 80
풀국새 우는 숲 ……… 81
마지막 편지 ………… 82
나는 …………………… 84
그리워서 ……………… 85
청춘의 생각 ………… 86
버들가지 ……………… 87
노을빛에 담긴 얼굴 … 88
바람과 잎의 사이 …… 89
가을 …………………… 90
생각 속에 …………… 91
터벅터벅 ……………… 92
빗소리 ………………… 93
뜨거운 여름 ………… 94
바람 따라 …………… 95
고향의 봄 …………… 96
고목에도 ……………… 98
행복한 하루 ………… 99
구월의 연정 ………… 100
꿈이었네 ……………… 101
새벽하늘 ……………… 102
사월이 오면 ………… 103
장안사의 가을 ……… 104

제4부

밤꽃 · 107
우리는 그냥 걸었지 · · · · · · · · · 108
가네 · 109
가을비 오는 아침 · · · · · · · · · · 110
아름다운 동행 · · · · · · · · · · · · · 111
생각 · 112
여름 · 113
바람 앞에 서니 · · · · · · · · · · · · 114
나는 어떻게 왔을까 · · · · · · · · · 115
백두산 야생화 · · · · · · · · · · · · · 116
자장의 향기 따라 · · · · · · · · · · 117
보타암 가는 길 · · · · · · · · · · · · 118
빈손 · 119
그리운 생각 · · · · · · · · · · · · · · 120
유월의 시 Ⅱ · · · · · · · · · · · · · · 121
여기에 서서 보니 · · · · · · · · · · 122
꽃바람에 띄웁니다 · · · · · · · · · 123
달빛 속에 핀 단청 · · · · · · · · · · 124
그 자리 · · · · · · · · · · · · · · · · · · 125
구도의 길 따라 · · · · · · · · · · · · 126
달은 뜨겠는가 · · · · · · · · · · · · · 128
한가위 달빛 · · · · · · · · · · · · · · 129
자장암 가는 길 · · · · · · · · · · · · 130
자꾸만 보고 싶네 · · · · · · · · · · 132
남겨진 오늘 · · · · · · · · · · · · · · 133
첫눈 오는 날 · · · · · · · · · · · · · · 134

제5부

오늘 보니 ····················· 137
너의 향기 ····················· 138
유월이 가고 있네 ············· 139
봄눈 ··························· 140
살며시 ························ 141
내일 ··························· 142
나의 기다림 ··················· 143
홀로 가는 아리랑 ············· 144
성당聖堂 ······················· 145
해는 지고 있는데 ············· 146
길 따라 황매산 오니 ·········· 147
스쳐 간 세월 ·················· 148
보고 싶다 ····················· 150
오륙도 가는 길 ················ 151
고향에 가면 ··················· 152
종소리 ························ 154
따뜻한 사랑 ··················· 155
한 생각 ························ 156
겨울 ··························· 157
둑길 따라 ····················· 158
독백 ··························· 159
세월 한번 빨리 가네 ·········· 160
잎의 향기 ····················· 162

■ **시평** | 상실과 그리움의 만남 _ 163
  정경수(시인, 수필가, 문학박사)

제1부

시월의 국화 향기

시월 아침 햇살에
피어나는 국화 향기
잘난 체도 아니 하고
오고 가는 발그림자 옆에서
불어오는 실바람 한 자락에
잎은 떨림으로 하늘하늘
수줍게 몸짓하는 계절

시월은 사랑의 불을
가슴에 지펴주고
평온을 심어주며
천천히 빠져드는
시월의 국화 향기

꽃의 향기는 언제나
편안한 생각을 품게 하고
우리는 시월의
국화 향기 속으로 걸어갑니다

- 2016. 09. 신인문학상 수상

이야기

낙동강 물줄기
지그시 바라보는
풍경 좋은 찻집에 앉아

창밖에 피어나는
봄의 향기 속에
마음을 던져 놓고

찻잔 속 갈색 향기
모락모락 피어나는
설렘과 만남의 두근거림

푸르렀던
옛 생각

세월 따라 흘러가는
낙동강 칠백 리 물길
유유히 흘러갈 때

반짝이는 은빛 물결
눈빛에 담아 넣고

아지랑이
피어나는 숲길에서
텃새도 짹짹
봄의 노래 불러줄 때

따뜻한
우리들의 이야기는 시작됩니다

- 2016. 09. 신인문학상 수상

당신은 접시꽃

빨간 접시꽃잎에
장맛비 줄기가 쏟아집니다
큰 키에 피어있는
수줍은 얼굴

쏟아지는 빗물은
멀리 떠난 임 기다리다
지친 눈물방울인가

오늘처럼 장맛비 오는 날
길 어귀에

예쁜 얼굴 단장하고
빗속에서
당신을 기다립니다

- 2016. 09. 신인문학상 수상

다솜아 유월이다

꼬물거렸던 네가
초록 바람 이마에 얹어
많이도 자랐구나

하얀 앞니 솟아나고
곱게 자라나는 우리 다솜이

우는 모습도
할아버지는 마냥 예쁘구나

첫돌 지나면
할아버지 손잡고
초록 길 걷자꾸나

아가야

아장아장 걷는
우리 아가의 모습
소소한 행복의 미소
우리 아가와 만난 지도
벌써 첫돌이 되었네
다솜이는
우리 집 이쁜 귀염둥이
할아버지는
솜이 재롱 생각에
늘 빙그레 웃곤 한단다

도道
– 합천 해인사에서

여보시게
바람이 불어오네
어디로 가시는가
구도求道의 길 따라
내가 지켜야 할
도道를 찾아가고 있네
거기는 산이 아닌가
푸른 잎과 산새 소리뿐인데
그래서 길에서 길을 묻고 있지 않은가
비움과 채움
넘치면 나눔도 있지
다 움켜쥐고 살면
몹시도 힘들 것 같아
그래서 길을 묻고 있네
빼곡한 세속의 소리보다도
속이 텅 빈 목어 소리 더
아름답지 않은가
비우면 소리도 다르지
여보시게 시냇물 흘러가는 소리
시원해서 좋구먼

달빛 그림자

가을은
바람에 익어가고

골목길 따라
귀뚜라미 우는 소리

이런저런 생각에
봉창이 밝아오니

간밤에 보았던 달빛
어디로 갔는지

구름이 달을 숨겼나
잎새만 달랑달랑

바람이 띄운 낙엽은
저리도 고운데

가을을 비추는
달빛 순정 곱기만 하네

되돌릴 수 있을까

붉은 매화 꽃잎에
봄이 깨어나고 있네

밀려드는
그리움은 짙어만 가고

잊혔던 시간
다시 올 수 있을까

새벽안개 피어나는
길섶에 서니

그리움도
뜨거워지는 마음이라

봄바람 타고 오려나
꽃비 내리면 오려나

꽃잎 떨어지니
그 시절 되돌리고 싶네

아차

선방에서 들려오는
어깨 치는 죽비소리
듣는 마음 깨워 주니
깨달음의 도량에 걸쳐있는
그림자도 빛이 바래져 가고
여름이 벗어 놓고 간 흔적
흘러가는 계곡도 썰렁하다

낙엽 진 빈자리에
마음을 비춰보니
파란 초록은 멈춰져 있고
숲에서 흘러나오는
산새 지저귀는 소리에
영혼도 자유롭다

해거름 하늘 풍경
가지산 정상에 걸려 있는 구름
산이 높아 넘어가지 못해 저러고 있나
다 두고 훨훨 떠나가면 될 것을
손에 쥔 것이 집착이라

두고 가긴 아까운가 보네
마음 치는 죽비소리
아차 잠에서 깨어나는
중생의 외마디
도道일세

(통도사에서)

봄바람 청춘

나의 마음은
봄바람 청춘
살아있는 날까지
늘 청춘이라오

가는 저 세월
뉘라서 잡으리오
그래도 나의 마음은
봄바람 청춘

여정의 끝에 다다랐다고
안달하고 아쉬워한들
무엇하겠소

청춘은 늘 설레고
아름다운 것
육신은 변해 가지만
마음마저 변하겠는가

나의 마음은
늘 봄바람
청춘인 것을

나이

나이를 물어오면
연녹색 푸른 잎에 쌓여
세월 속에 묻혀 왔다
말하고

세월 따라 흘러온
이내 청춘
저물어 가는
석양빛 따라간다
말을 하며

흘러가는
세월의 향기 속에
변해가는 내 모습
푸른 하늘빛에 얹어 놓고
바라보니 과연

오월길 가는
인생은 주인 잃은 나그네
터벅터벅
가는 인생 가벼워서 좋구먼

내 마음 풍금 치면

가을 풍금 소리에
고추잠자리 들녘 날아오르고
누렇게 익은 벼 이삭
참새 지키는 허수아비
들 바람에 춤을 춘다

콩 심은 논둑길 따라
울던 뜸부기 소리 간 곳 없고
풀피리 꺾어 불며 들길 나서니

산비탈 밭고랑에
빨갛게 익은 고추 주렁주렁
뒷산 풋밤도 풍요롭게 익어간다

가을 코스모스 핀
꽃길 따라
나도 함께 가고 있네

노란 미소

8월 햇살에
해바라기 노란 미소

수줍어 수줍다 하며
빙빙 나는 고추잠자리

날개 이는 바람 소리
열기를 식히는 키다리 아저씨

노을 지는 들길 숲에선
고요를 깨우는 뻐꾸기 소리

빨갛게 익어가는 고추도
밭고랑 타고 주렁주렁

가을 숨을 고르고 있네

세월 따라가는 청춘

세월 따라가는 청춘
빨리도 가네
홀로 가는 청춘
간이역에 잠시
쉬어 가면 좋으련만

만나야 할 인연도 있고
보내야 할 인연도 있는데
만나고 헤어지는 젊음의
정거장은 벌써 지나와 버렸네

꽃비가 흩날리는 이맘때쯤이면
생각은 청춘에 머물고
세월아 내 생각해 보고 따라 갈게
우리 잠시 쉬었다 가자꾸나

흩날리는 꽃잎이
내 볼을 스칠 때
한 아름 고운 추억
고이 접어

가는 여정 천천히
뒤돌아보며 따라서 갈게
여보시게 그 누구 없소
님아 날 좀 불러 주소

어머니

어머니
하고 불러보는
회한의 목소리
생전 모습 뵐 땐
그 은혜 모르다
먼 길 떠나가신 뒤에야
눈시울을 붉혀보지만
다시는 행할 수 없는 효
따뜻했던 모정 母情
자애로우셨던
생전 모습
가슴은 저며 오지만
다시는 나눌 수 없는 모자의 정
가슴 깊이 남겨진 그리움으로
불러보는 어머니
천만번 불러도 모자랄 그 이름
어머니
나의 어머니

들꽃

누가 저 꽃을
들꽃이라 했을까

따뜻한
봄바람 불어오면

꽃대는
꽃을 피우고

봄비 내리면
연록 잎 돋아나

바람 따라
고이 피고 지는

들 바람도
이겨가는 질긴 생명력

백두산

백두 가는 길목에
모닥불 피워놓고

손뼉 치며 불렀던
노랫가락 차차차

밤새워 놀다가는
별들의 속삭임

쏟아지는 별빛 속
별자리 찾고 놀다

동녘이 밝았네
유월의 햇살

백두의 장엄함
백두의 품속

더덕더덕
남아있는 만년설 밟고

산 정상 올라갈 때
설렜던 마음

하늘과 맞닿은 백두산
다시 한번 오르고 싶네

광대와 글쟁이

인생은 희극
내 삶의 육 막 육장
깔아주는 멍석에 놀아보니
어깨춤 절로 저절로 얼쑤

가는 세월 즐기고
노랫가락 퉁기며
뒤뚱대뚱 흔들흔들
박장대소拍掌大笑하는
여기는 어딘가

다달이 기다렸다
어르신 찾아가 펼치는
가무 소리 공연단
걸쭉하게 놀고 가는
인생 놀이 한마당

나의 끼 돌리고 돌리니
모두가 어우러져
음주는 없어도
글줄을 쓰고 놀며
가무歌舞로 베푸는
나는야 광대에 글쟁이라오

여름 풍경

파란 하늘
흰 구름 떠가는

동구 밖
여름 풍경 뜨겁게 달궈가니

매미 소리
높아만 가고

고추잠자리
날개 이는 바람에

세월이
날려가고 있네

촛불처럼

바람 따라 흘러온
긴 세월 뒤돌아보니
짧기만 하였네

백합보다 고왔던 어머니
가을바람 불어오는
흰 구름에 싸여
먼 길 떠나가시는 어머니

이승의 끈일랑 다 내려놓고
한 마리 새처럼
훨훨 나르소서

쨍하던 하늘빛도
슬픔의 눈물방울인가
꽃비 되어 내리고

추국 향기 바람 타고
하늘 길 따라
편히 가시옵소서

(벽제화장장에서 어머니를 보내드리면서)

바람 그리고 가을

가을이
바람에 익어

코끝에 묻어오는
들국화 향기

그 향기와 함께 숨을 쉬니
그윽한 가을 맛이라

옆을 돌아다보니
갈바람만 불어가네

빈 가슴

하얀 세상 가는
코스모스 핀
간이역에 들렀더니
초록이 변해가고
가을 맛 짙어가니
쓸쓸함에 옷깃을 세우고
기다림의 목을 빼본다

다시는 오지 못할
흘러간 시간
긴 그림자 밟고 서니
가슴은 텅 비어
바람 소리만 들려올 뿐
황홀한 계절의 유혹
나는
그 속에서 따뜻하게 물들고 있네

피었다 시들면

머문 듯 머문 듯
가는 것이 세월이고
점점 흐릿해지는
세월에 휩싸여 가는 것이
인생 아니겠소

아름다웠던 지난 날
꼬깃꼬깃 접힌 추억
지금은 빛바랜 청춘

피었다 시들면
다시는 돌아갈 수 없는 그 시절
내일 가는
그 길은 그래도 웃을 수 있었으면 좋겠네

청사포 가는 길

청사포 가는 길
끝없이 밀려오는
부서지는 파도소리

해월정 망루에서
수평선 바라보니

젊음의 시간
함께 웃었던 추억

흰 탱자 꽃잎도
그때처럼
봄바람에 피어있고

함께 나선 내 그림자와
철길 따라 동행했었네

너른 마당 찻집에서

너른 마당
겨울 찻집에 앉아
가지에 걸린 달빛 보는
아름다운 밤이다

창문을 스쳐 가는 바람
호 하고 불면
하얀 입김으로 사라져가고

추위를 녹여주는 목탄 난로
목탄 한 줌 던져주면
화통은 열기를 품어내고

타닥타닥 터지는 불꽃 소리
활활 타오르는 불꽃 쬐이니
내 가슴도 따뜻해진다

찻잔 속에 피어나는
대추차 향기

유리창에 어리는
정겨운 얼굴
바람 불어오는
범어사 둘레길 따라왔다
너른 마당에 앉아
지난 세월 보고 가네

동백꽃 피는 날

빨간 겨울 동백아씨
노란 입속 보이며

웃는 그 모습
곱기도 하지

푸른 잎새 몸짓 하며
나의 마음 흔들어주니

오늘은 좋은 날
나도 활짝 웃고 있네

제2부

장독간

팔월 햇볕 뜨거워지는
장독대 돌 틈 사이

빨강 분홍 하얀
봉선화꽃 폈던 여름

봉황의 꽃잎 따
백분 넣고 몽돌로 찧어

손톱 위에 곱게 올려놓고
명주실 동여매던 누나

뽀얀 손등 간질이며
소녀의 꿈 꾸었던
그 모습 어디 갔소
고우셨는데

살짝 팬 주름 보는
나의 마음 그러네요

무언의 대화

침묵하는 널
물끄러미 바라보다

바라보는
나에게 그 향기 전해오니

너는 아무 말이 없어도
난 그런 네가 좋아진다

바람이 스치면
수줍어 고개 흔들고

눈빛으로 내게 다가오는
널 보며

웃을 수 있어
난 네가 좋아졌다네

달밤

달빛 속에 둘이 앉아
밀어를 속삭이니

달이 수줍었나
구름 살짝 당겨 덮고

반가움의 눈물인가
밤비를 뿌리고 가네

부모님 전 상서

오늘 그리고
내일 가는 노정길에
부모님 생전 모습 점점
흐릿해져만 가고
자꾸만 지워져 가는 기억
내 나이 여기쯤 오고 보니
부모님 마음도 알 것 같지만
이승의 굽잇길 돌아
샛강 건너가신 빈자리 보며
나오는 눈물 삼켜 후회해 본들
무슨 소용 있겠나
평생 자식을 위한 삶을 살아오면서도
정작 해준 것이 없다. 시며
늘 미안해하셨던 그 모습
저는 기억합니다
해거름 길 나서다
내 그림자 밟고 서서 다시금 생각하니
죄스러운 마음 금할 길 없어
나직이 불러보는 아버지, 어머니

당신은 충분히
그 몫을 다 하고 가셨습니다
저의 심정 어찌 글로써
다 표현할 수 있겠습니까만
힘겨운 생활 속에서도
그 본모습을 항상 잃지 않으셨던
부모님 전에 불효한 마음 용서 청하며
부디 편안한 영면永眠에 드시옵소서

솔바람

하늘빛 푸르고
햇볕 쨍쨍 내리니

솔바람 불어오는
오후

송글송글 맺힌
땀방울 훔치다

문득 떠오르는
지나간 상념에 젖어본다

새싹 돋는 날

겨울 가지 물오르니
바람결도 곱다

오늘이 입춘이라
마른 가지에 꽃이 피고

봄 나비 꽃을 찾아
날아들 때

임의 향기 가슴에 품고
봄 길 걸어가리라

달빛은 저리도 고운데

그대 손잡고
밝은 달빛 아래
구름 사탕 거머쥐고
너도 한 입 나도 한 입
달콤하게 속삭이다

그대 모습만
내 가슴에 남겨 두고
새벽은 저 달 품고 가버렸으니

헤매고 헤매이다 잠이 들어
햇살 바람이 날 깨워
거울 앞에 서 있네

바람 타고 가는 이별

찬바람 부는 잿빛 하늘
싸늘한 허공의 메아리
하늘 정원에서 내려다보는
창밖의 풍경은 어떠하시던가

이승의 아등바등하는 모습들
저네도 그런 삶을 살고 가셨다네
거기는 어떠하신가
사철 꽃 피고 새도 울던가

희미하게 생각나는
그 시절의 추억들
그땐 좋았었는데

오늘은 현실 속 공간이라
떠나가는 자네 보며
눈시울 붉힐 수밖에 없네
먼 길 편히 잘 가시게

(부산 영락 공원에서)

꽃님아

꽃님아
난 널 그려볼 수 있어 좋았어

우린 생각 속에 늘 함께했잖아
겨울이면 양지바른 곳에 앉아

하늘빛 보면서
서로의 얘기도 할 수 있어 좋았었지

보고 싶으면 초록잎에
얼굴도 그려 보고

어제는
바람이 머리를 툭 치고 지나가니

나도 아직 청춘인가 봐
그럼 너도 청춘이겠네

동심

이리 뛰고
저리 뛰놀다

땀방울 맺히면
시냇물에 풍덩

개구리 헤엄치고
물장구치며

물속에 잠겨있는
흰 구름 타고 놀다

원두막에 올라앉아
마주 보고 깔깔 웃던

그 동무가
오늘따라 보고 싶네

꽃잔에 담은

가을이라
갈색 향기 담아보니

생각은 소풍가고
육신만 홀로 앉아

향긋한 꽃잔에
가을 향기 담으니

꺼져 가는 불빛
희미하게 끔뻑이고

홀로 가는
아리랑

남겨진 것이라곤
가는 세월뿐이라네

봄이 오는 소리

개여울
봄 오는 소리

노란 개나리
꽃망울 터뜨릴 때

시냇물 화음 따라
봄 각시 나물 캐고

아지랑이 춤추는
논두렁길 따라

예쁜 미소 웃음소리
바람결에 실려오네

하얀 얼굴

아침 햇살이 좋다
창문 넘어 불어오는
초록 바람 한 점
시원한 하루를 열어 주니
입가에 벙그는 미소
콧노래도 절로 나온다
세상 돌아가는
달콤한 향기와
쌉싸름한 향이 어우러져
인생 참 맛을 빚어가고 있네

마음

겨울이 추워서
따뜻한

봄을 불렀더니
봄은 간곳없고

뙤약볕에
덩그러니

지나간
세월만 세고 있네

들풀

유월 햇살
달궈져 오니

푸른 향기에
코끝이 달아올라

내 푸른 젊음이
숨 쉬었던

그 시절
찾아가고 있네

골목길 비석치기

동무야
내 동무야

옹기종기 모여 놀다
왁자지껄 수다 떨고

비석치기 하면서
깔깔 웃고 뒹굴며 뛰놀았던

푸른 꿈 꾸던 시절
그 꿈은 다 이루었나

개구쟁이 내 동무
세월 지나 생각하니

함께 뛰놀며
정들었던 그 얼굴

마음은 언제나
내 동무 생각하네

당신은 꽃잎

임이여
꽃바람 타고 오세요

새싹 돋아나는
풀내음 사잇길 향기 따라

살짝 핀 꽃잎도
당신 모습만 하겠소

봄 길 따라 사뿐히
날 보러 오세요

합천 가는 길목에서

수양버들 춤추는
도천 다리 건너

꽃길 따라 걸었던
동심의 옛 생각

푸른 하늘 하얀 쪽배
바람이 저만치 불어가니

나 여기서
돌아갈 곳 없어라

어디로 가겠소

여보시게 벗님
봄꽃이 피었으니

벗님은
어디로 가시겠소

구름 따라 흘러가다
바람에 흩어져간

젊은 시절 생각하니
짧기만 하였네

가슴에 품었다고
내 것인 줄 알았는데

집착이 화를 불러
멈추고 보니

모든 것이 부질없다는 것을
이제야 알았다네

꽃이 피네

겨울 끝에서
봄이 피어나고
고운 꽃물 들이니
봄 색시 찾아왔네
꽃길 가는 마음
행복 가득 담으소서

하얀 민들레

하얀
민들레

봄길 가다
만났네

곱게도
피어있네

어쩜 자태도
저렇게 고울까

실바람
살랑이니

가던 걸음
멈추고

초록 잎에
앉아 웃는

꽃잎이
소담스러워

가다
뒤돌아보네

바람의 향기

사월
향기에

벚꽃 활짝 피어
꽃바람 묻어오니

바람에 떨어지는
꽃비 맞으며

흩날리는 벚꽃길 따라
터벅터벅

연정

구월이 가고 있네
들에 핀 들국화
은은한 향기
바람결에 실려 왔네
빨강 노랑 자색
고운 색깔 빚어내며
붉게 핀 꽃잎

들바람에 굴하지 않는
고고한 자태
꽃의 심성心性을 보게 하니
잎이 물들어가는
가을 속에 취하여
비틀거리고 있네

봄비 내리는

빗방울
떨어지니

밤새워 창문 너머
봄비가 속살거려

겨울이
개울 타고 흘러가는

비에 흠뻑 젖은
홍매화 얼굴

바람에
매화 향기 가득 묻어오니

꽃바람 따라
내일 다시 찾아가리

마음은 겸손이라

머금었다
떨어지는 빗물

한낮 기온은
가을이라도 뜨겁기만 하고

들녘은 아름답게
알곡 되어 익어 간다

논들을 바삐 나는
참새 떼의 조잘거림

점점 희미해져 가는
풀벌레 소리

저 소리에 마음이
겸손해지니

나의 인생도
이 가을에 익어가고 있다

빗방울 소리

까만 밤하늘에
추적이는 빗방울

바람에 흩날려
유리창에 뿌려지고

물끄러미 바라보다
이 비 그치면 봄도 숨을 쉬겠지

나만의 시간
세월에 낙서를 해본다

푸른 시절
절뚝거렸던 기억

가슴
저려오는 아픔

이젠
모두 덮어두고 싶은 기억뿐

제3부

저 소리가

잎은 물들어
바람에 떨어지고
달이 가는 고즈넉한
골목길 따라
깊어가는 가을
멀리서 들려오는
귀뚜라미 소리가
날 토닥여 주고 있네

상념

산은 아직 푸른데
가을은 잎새에 앉고
코끝을 스치는 구절초 향기는
맛도 다르지

세월은 바람에 흔들리고
산천은 쉬엄쉬엄 변해가면 좋으련만

여름 가는 길목에 서고 보니
불어가는 바람 따라 변해 가는 인생
이것저것 다 두고 가려니
놓고 갈 수도
비우지도 못한 마음이라

빨갛게 익은 향기로
비운 가슴 채우며
오늘도 그 향기에 젖어 있네

유월의 시 Ⅰ

솔바람 부는
초록 숲속에서

뻐꾸기 노래하니
고요했던 들녘도 숨을 쉰다

지천에 풀내음
향긋하게 적셔와

계절에
감싸여 피고 지는 풀잎

논두렁길 따라 달리던
동심의 꼬맹이

그 철부지가
유월의 점터*길 걸어가고 있네

---

* 점터 : 합천 고향마을 지명

노을처럼

당신과 함께 웃으며 걸었던
노을 진 바닷가

하루해 갈무리 될 즈음
석양빛 바라보며

따뜻하게
품었던 순정

우리는 서로 좋은 인연으로
함께하면 좋겠소

풀국새* 우는 숲

시냇물 흘러가고
풀국새 노래하니

유월의 보리 잎
누렇게 익어 들고

보리타작 도리깨
두들겼던 소리

일하다 힘들면
그늘 밑에 앉아

들 바람에
땀방울 훔치며

풀국새 소리에
오수를 즐겼었네

---

* 풀국새 : 뻐꾸기의 방언

마지막 편지

여보게
가슴에 오래 머물지 못한 인연
흔적만 남겨 두고 가셨네
긴 여정 오면서
자네는 힘들게도 오셨네

우린 오붓한 청춘
좋은 시간 한번 가지지 못한 것이 뒤돌아보아지네
세상 구경은 잘 하고 가셨는가
혼자 보는 구경 다 좋을 수야 있었겠나
꽉 찬 저 달도 혼자 볼 땐
나도 반달처럼 보였다네
자네도 그러했겠지

바람 불 땐 내 반쪽이 시렸고
우리는 서로 늘 각자 세상만 구경하며 살아왔네
우리 인연은 거기까지였는데 어찌하겠나
자넨 세상 구경 나왔다
힘든 세상 구경만 하고 가셨네

병원에서
자네 볼 때 마음은 늘 힘들었다네
돌아설 때 마음은 수만 근 무게보다도
더 짓눌려 왔다네
인생 삶 놓고 보면
이렇게 허망하고 별것 아닌데
왜 그렇게 살아왔던지
내 모습이 오늘은 초라하게 보였네

자네는
국화향기 흩날리는
꽃바람 타고 가셨네
모두 다 훨훨 털고
영원한 안식 찾아 떠나는
그대 향기 묻어오니
옛 생각도 많이 스쳐 갔다네

섭섭한 마음
원망도 후회도 없이
이승의 미련일랑 다 내려놓고
편히 잘 가시게

나는

떠나가는
여름이 침묵을 한다
끈끈하던 긴 여름 시간 앞에
이별의 손짓을 하고 있다
여름을 뜨겁게 달구었던
태양도 식어
하얀 파도 춤출 때
중년의 영혼靈魂도 아름답다

싸늘히 식어가는 대지에
한 송이 꽃을 피웠으니
말없이 가다 우리는 마주 보고 웃었네
파도의 축복 소리
하얀 물방울 보석 따다
가락지 만들어 끼워주고
내 사랑 그대와 둘이서
해변 걷던 그때가
추억으로 남아있네

그리워서

나는
당신을 찾았지만

당신은 왜
나를 찾지 않았을까

당신이 그리워서
찾아갔지만

그 이름 불렀을 때
침묵만 흘러갔고

그리움이 보고 싶다
말을 해

이제야 사랑인 줄
그 빈자리 보며 알았네

청춘의 생각

봄비 오는 날이면
생각은 흩날리고

마음은 찻집에 앉아
옛 시간을 되돌려 본다

뉘라서 만나리오
만나지 못할 젊음인 것을

아쉬워한들 무엇 하리오
되돌아갈 수 없는 그 시절

창밖의 환한 거리
젊음의 풍경을 보면

아 나도 한때 하고 생각나는
나의 젊은 시간

허공에 흰 구름처럼 흘러온
인생인 것을

버들가지

겨울이 녹으니
봄 오는 소리 들려오고

파릇파릇
새싹 돋아나

시냇가 버들가지
따슨 바람에 춤추며

소소리바람 타고
봄은 오고 있네

노을빛에 담긴 얼굴

마음에서
떠나보낸 그 사람

긴 세월
가슴속에 담고 있었네

지우지 못해
함께한 세월

마음 한곳에서
꽃처럼 피어나곤 했는데

다가가면 멀어지고
생각하면 그리운 시간

이젠 다 지우고
마음 편히 쉬면서

노을 지는 하늘 보며
크게 한 번 웃고 싶다

바람과 잎의 사이

달빛에 펄럭이는
낙엽 한 잎
조용한 뜨락은
빛의 향연을 펼친다
세월 앞에 있는
오늘 내 나이
관객 되어 보는
바람과 잎의 사이
고요 속 적막을 깨는
귀뚜라미 울음소리
달은 수줍어
구름으로 가리고
서쪽으로 가버렸으니
갈바람 따라가던
달빛만이 넋 빠진 듯
나를 바라보네

가을

새벽이슬 맑으니
아침 공기 차갑고

저녁노을 빛
유리잔에 담고 보니

가을은 향기로 변해 있네

생각 속에

생각 속에 당신은
나만 볼 수 있어 좋았네
늘 마음에 담겨있고
가끔은 꺼내도 보며
빙그레 웃기도 했었지
그 모습이 하도 고와
가다 뒤돌아보면 늘
꿈을 꾸곤 했었지

본래 내 것은 없는데
인생길 다다르니
세월의 소리만 들려오고
떠나보낸 젊음
아쉬워한들 무엇하리
다 부질없는 후회인 것을
비움이 행복이라
지금은 웃을 수 있어 좋은 것 같네

터벅터벅

겨울 꽃이 피어나니
잠자던
영혼이 깨어난다

지난 세월
뒤돌아보고
말없이 가다

푸른 하늘
머리 위에 펼쳐 이고

봄을
찾아가고 있네

빗소리

간밤
빗방울 토닥임에

여름
더위 식어가고

바람의 향기
웃는 미소

오늘 아침은
그래서 좋다

뜨거운 여름

여름이 절정이라
햇살 뜨겁고

초록 하늘 나는
고추잠자리

초록 속에 활짝 핀
참나리꽃

사잇길 돌아갈 때
불어오는 색바람

산길 내려오다
개울가에 주저앉아

냇물에 두 손 적시며
내가 걸어온 길 돌아보고 있네

바람 따라

세월을 따라가니
가을 잎 떨어지고
바람도 차가워진다

시원하게 불었던
바람 한 자락
붙잡고 싶었지만
그럴 수 없었네

가슴을 스치며 지나간
아쉬움

한 번 스쳐 간 바람은
다시는 되돌아오지 않아
남겨진 그리움에
침묵만 흐르고 있네

고향의 봄

지금쯤
고향의 봄도
피어나고 있겠지

홍매화 꽃잎 벌려
노란 혀끝 내밀고
날 오라
그 향기 흩날리니

추위에 꽁꽁 얼었던
시냇물도 졸졸

파릇파릇
보리 잎 새싹이
겨우내 참았던
깊은숨 몰아쉬고

보릿대 꺾어
지게 목발 두들기며
불었던 보리피리 소리

시냇가
버들강아지 피어나는
내 고향 합천에도
파란 새싹 돋아나는
봄은 오고 있겠지

고목에도

겨울 산자락
봄바람 불어오면
고목에
새 잎은 돋아날까

가지에 연록잎 돋아나고
꽃이 피면
청춘처럼 고울 수 있을까

움츠렸던 계절 가니
고목에도 새싹이
파릇파릇

생각은
꽃바람에 흩날려
옛 기억 찾아가고 있네

행복한 하루

아침이 깨어나니
선선한 바람이 좋다

나는 지금
가을 속에서 웃고 있네

오늘을 가는
내가 있어 행복하다

구월의 연정

당신의 옷깃에서
가을이 오고 있네

스쳐 가는 바람이
가슴에 안기니
사랑인가 싶다

한 잎 두 잎
철 따라 변해가는
색의 오묘함

당신이 있어
세상 빛은 더 고운 것 같다

노란 들국화
향기 마시며
함께 가는 이 길

우리 사랑 향기 속에
구월이 가고 있네

꿈이었네

오늘 걸었던
사잇길 따라
가을 색이 짙어졌네

하늘빛도
조화를 이루고

곱게 물든
풍경도 장관이라

보는 내내
나는 취해 있었네

자연 속에 선 내가
꿈을 꾸고 있나

오메
가을이 물이 들었네

새벽하늘

새벽이 눈을 뜨면
파란 하늘빛
한 점 티 없는 저곳에
오늘을 쓰고 싶다
만나보고 싶은
그 사람 얘기도 쓰고
동그라미 그리며
그 속에서
나는 무엇을 또 쓸까
사랑한다고 쓰면
무엇이라 답이 올까
푸른 아침 하늘
우린 서로 떨어져 바라만 봐도
같은 곳을 볼 수 있어
더 아름답고 좋은 것 같다

사월이 오면

꽃바람 불어오니
마른 가지 싹이 트고

소담한 꽃들은
봄을 치장하고

사월을
만들어간다

그 향기 속에서
행복의 꿈도 함께 꾸면 좋겠네

장안사의 가을

장안사 절집 마당
만추의 국화 향 가득하니
딛는 자국마다 질펀한 향기로 묻어나

사르르 잎 부비는
댓잎은 아직도 푸른데
앞산 잎은
오색으로 물들어

오솔길 따라 낙엽 스쳐 가는
바람 소리 쓸쓸하니
산새 소리도 구슬피 들려온다

만추의 풍광
해 저무는 뒷모습은 저리도 고운데
남은 여정 긴 밤 꿈꾸듯
그렇게 떠나고 싶은 바람이라네

제4부

밤꽃

너 있는 곳
어딘가

미색의 밤꽃은
향기로운데

바람 불면
긴 꽃대 너울너울

바람 따라
춤추고

유월의 포근한
사랑의 향기가

그대를
부르고 있네

우리는 그냥 걸었지

초록 숲속에서
나는 보았네
당신의 살구빛 미소
뻐꾹새 노래할 때
산들바람도 불어왔었지
가야산 기슭 걸을 때
설레었던 마음
뜨거웠던 생각은
허공에 뿌려졌고
그대 모습 생각하며
아침 향기 가득 담아
미소 띤다네

가네

7월 뙤약볕에
들녘 익어가고

녹색 향기
실바람에 춤을 춘다

세월의 숲에선
여름이 농익어가니

인생 그늘 찾아
쉬어가려 하네

가을비 오는 아침

똑똑 떨어지는
새벽 빗소리가
단잠을 깨워

살며시
창문 열고 밖을 보니
바람이
한 줌 그리움을 놓고 갔네

아름다운 동행

여름 식히려고
함께한 짧은 여정

쇠막재* 넘던 고갯길
푸른 잎새 춤추고

간간이 들려오는
풀벌레 소리

산바람이 가슴 적셔주니
그대 사랑 아름다워

노을 지는 석양
7월에 핀 꽃과 동행했네

---

* 쇠막재 : 의령 자굴산 고개

생각

늘
생각 속에 떠오르는

그 사람 있기에
두 눈을 꼭 감아본다

내일 기억 속에서는
지워질지 몰라도

오늘
그 모습이

날 보고
미소 짓네

여름

참말로
여름 맛은 다르네

푹푹 찌는 열기
풀잎들의 속살거림

매미의 화음
하늘을 나는 고추잠자리

소소함에 숨은
행복이 날 웃게 하네

바람 앞에 서니

초록잎 돋으니
세월은 푸르고

흘러가는 흰구름
네 가는 곳 어디메뇨

네가 가니
나도 가네

바람아 불지 마라
피는 꽃잎 떨어질라

점점 뜨거워지는
태양에

녹색 바람
데워지고

그 앞에서는
오늘이 새롭다

나는 어떻게 왔을까

내 속 좀 볼래
어떻게 변해있는지
속살도 까만
숯덩이처럼 타들어 갔지 싶다
피도 검은색이지 싶다
오장육부도 녹아 없지 싶다

기억이 날 흔들면
철렁하는 가슴 쓸어 담다
노을빛 그림자 밟고
말없이 바라보는
저편 건너 동구 밖

붉게 물든 눈시울
이슬처럼 맺힐 때면
까만 어둠 속에
꼭꼭 숨어버리고 싶다

백두산 야생화

야생화야 야생화야
백두산 야생화야
찬바람 부는
눈 덮인 유월 영산 언덕에서
어쩜 그렇게도 예쁘게 피어

불어 지나가는
실바람 한 자락에
한들한들 춤추며

고운 자태 뽐내고
자연 향기 품어내는 널
아무도 보아주는 이 없는데도

가냘픈 고개 흔들고 웃는
네 모습이 대견스러워
내 작은 가슴에 담아 온
백두산 들꽃들이여

(백두산에서 본 이름 모를 꽃을 생각하며)

자장의 향기 따라
― 통도사

나목 가지
빗방울 떨어지니

봄을 마시고
꽃망울 피우는

홍조 띤
자장매화 향기

호젓하게 걷는 산사 길은
마음도 자유롭다

보타암* 가는 길

보타암 가는 소리길 따라
진한 추억이 숨을 쉬며
날 반겨준다

함께 걸었던 이 길
올망졸망 꼬맹이들 데리고
함께 웃었던
그때가 좋았었는데

송글송글 맺혀있는
그 시절
그 기억

바람소리에 섞여
웃었던 행복의 소리

보타암 들어서니
그 님은 간곳없고
옛 그림자만 보이네

---

* 보타암 : 통도사의 부속 암자

빈손

푸른 산천 잎새 보며
여기까지 왔는데

구월이라
가는 걸음 무거워져

천년만년 갈 수 없는
인생길

곱디고운 꽃잎도
자꾸만 지려 하니

다 두고 빈손으로 가는 인생
애달프다 하지 마소

모두가 바람에 날려간들
어찌 아깝다 말을 할 수 있겠소

내가 편안한 곳이라면
거기가 내 자리인 것을

그리운 생각

잠결에 들여오는
토닥이는 빗소리가

날 깨우니
외로움이 밀려오네

마음을 다독이다
애써 비죽이 웃으며

혼자만의
상념에 빠져든다

새벽 빗소리에
연신 두 눈만 껌벅이며

마음과 생각은
먼 길 떠나고 있다

유월의 시 Ⅱ

유월이 가고 있네
산들바람 부는 그곳
뻐꾸기 노래하고
지천에 풀내음
향긋하게 적셔주니
세월 속에 피는
꽃잎도 아름다워라

여기에 서서 보니

자꾸만
눈의 초점은 희미해져 간다

슬그머니
안경을 집어 들고 끼면서

떠나간 아픔을 보는
서늘한 기억

비껴갈 수 없어
몸부림쳤던 인생의 굽잇길

흐느끼며 살아온
지워진 눈물 자국

세월의
아픔을 삼켜야 했던 시절

내일 갈 노정은
웃으면서 기쁨이 되는 삶

내 작은
행복을 추구하고 싶다

꽃바람에 띄웁니다

진눈깨비 녹는
삼월이라

봄바람이 안부를 전해 오니
마음이 콩닥거려

피어나는 꽃잎에
안부를 써 부치다

그리움이 녹아내려
사랑인가

꽃을 피운 가지에
마음 걸어 놓고

바람 부는 꽃길에서
그대 부르고 있네

달빛 속에 핀 단청

달빛 아래 홍매화
봄소식 전해주는 자장의 향기

고목도 꽃망울 맺어
만개할 날 기다리고

활짝 피어 터지지는 못했지만
그 향기는 천리를 갈 것 같다

아직은 꽃샘이라 품고만 있는
연분홍 꽃망울

교교한 달빛 아래 필
꽃잎 보려고

이른 아침 달려간 통도사
아직도 피지 못한 꽃망울
마음에 담고 왔네

그 자리

님은 가고 없는 그 자리
그리움 싹이 트고

인고의 세월
어찌 견뎌 왔을까

그림자도 없는 그리움은
향기도 없는데

동지바람 불어오는
긴긴밤

문풍지 떨림소리
붙들고 누울까

창밖
새벽달 걸어놓고

떠나간 그림자 밟힐까
긴 밤 지새우고 있네

구도의 길 따라

겨울이 녹아 흐르는
삼성 반월 다리 건너
사천왕문 들어서니
자장 향기 내음에
마음을 잠시 내려놓고

고운 향기 마셨더니
코끝은 붉게 물들고
불이문 돌계단 오를 때
내 삶은 향기로 채워진다

산사山寺 뜰
따스한 봄볕 타고
꽃바람도 잔잔히 불어와
뽀얀 흙먼지로
옛 추억도 살며시 가려준다

들려오는 목탁 소리
마음이 정갈해지는
고즈넉한 산사 뜰

속세 번뇌 벗어두고
자장 향기 가득 채워
바람길 따라 왔다
바람길 따라가고 있네

(통도사에서)

달은 뜨겠는가

아직도 잎은 푸른데
영혼이 변해가니
변해가는 슬픈 마음에
비가 내린다
비오는 이 밤
달은 뜨겠는가
내 영혼의 가지에
찬바람 불어오니
내가 어찌 웃을 수 있단 말인가

한가위 달빛

꽉 찬 팔월의
둥근 달 보며

옹기종기 모여 앉은
반가운 얼굴

솔향기 솔솔 나는
송편 빚으며

이야기 한 보따리
풀어 나누고

창문에 걸린
보름달 바라보다

아침이 밝아오니
꽉 찬 이 마음
어찌 가져갈까요

자장암* 가는 길

상사화 피어있는
번뇌의 돌계단 오르니
소슬바람 불어오는
금화당 가는 길

지난여름 물들인
잘 익은 가을
천연바위 가부좌 틀고 앉아
흘러간 세월 보며
마음의 진리를 깨우치셨네

솔바람 향기에 취하여
산사 뜰에 앉으니
가을이 익어 제맛을 풍기고
축담에 가지런한 털신 한 켤레

산사 뜨락엔 소리 없는 바람만 불고
선방에 경 읽은 소리는
속세의 뜰을 잠재운다

바람에 날려 속세를 후들기는
백팔번뇌 지우고
맑은 깨달음의
소리 은은히 들려온다

작은 풍경소리 스쳐가니
산사의 고요 속에 멈춰진
깨우침 가득 담았네

* 자장암 : 통도사 경내에 있는 암자

자꾸만 보고 싶네

잎새 돋아나는
이른 봄날

인생 여정
함께 가자며

수줍어하며
고백했던 그날

뒤돌아보니
두견새만 외로이 울고
해는 서산에 기울어져

가슴에 품고 가야 하는
세월에 마음이 시려 온다

그리운 얼굴
오늘따라 자꾸만…

남겨진 오늘

비
오는 소리에

계절은
빠르게 변해가고

남겨진 오늘은
향기만 가득하니

들려오는 빗소리에
심장이 쿵쾅거려

구월이 아쉬웠나
빗소리만 추적이네

첫눈 오는 날

첫눈 오는 날
그대 시린 손 호호 불며
하얀 눈길 걸어보리

눈보라 휘날릴 때
그대 만나 체온 품고
하얀 눈길 걸어가리

소복소복 쌓인
눈꽃 세상 속에서
그대 백설공주 만들어주리

함박눈 펑펑 쏟아지고
싸륵싸륵 눈꽃 쌓이면
함께 눈사람 굴리다
마음껏 웃어보리

하얀 눈꽃 세상
내 사랑 거기 있다면
달빛 그림자 밟고
그 세상 속으로 걸어가리다

제5부

오늘 보니

세상에 눌리고
삶의 무게에 찌드니
이러지도
저러지도 못하고 왔네
떠날 때 내 것은
아무것도 없는데
왜 그렇게
움켜쥐고 살았던지
오늘 보니
내가 걸어 온 길
바람이 쓸고 가버렸네
행여 내가 욕심 둘까
허공을 바라보는
시린 상념想念
또다시 나를 보게 하네

너의 향기

민들레 홀씨
바람에 날려

기약도 없이
어디로 날려 갈까

흙 내음 향기는
씨앗과 어우러져

척박한
돌부리 밑이라도

봄이 오면
꽃은 또 피겠지

유월이 가고 있네

녹색
향기 짙어가니
태양이 눈부셔

뒤를 돌아보니
유월도 끝자락

시원스레 불어가는
푸른 향기 머금고

사랑이
변하지 않는 그곳

행복은
어떻게 생겼을까

세모일까
네모일까
동그라미일까

봄눈

삼월
봄눈 내리던 날

꽃샘추위라
몸은 움츠러들고

겨울 산
고당봉 바라보니

눈 내린 금정산
하얀 성이 되었네

살며시

코발트 빛 하늘 아래
찬 바람 불어가니
뽀드득 첫눈 밟는 소리
바람이 쓸고 가는
세월의 소리

호 하고 불면
따뜻한 입김
바람 따라 하얗게
날려가다 사라져
붙잡을래야
붙잡을 수 없는 세월

귓볼 시린 날이면
수줍은 듯 양 볼은
빨갛게 달아올라
살며시 또 다른
나를 만들고 보니

가는 세월 속에
나만 홀로 벌거벗고
해맑게 웃고 있네

내일

세월을
걷다 보면 비탈진 그늘

그곳에는
바람의 소용돌이뿐

한 줌 볕이 든다면
마음도 한결 따뜻해지겠는데

양지의 꽃은 저리도 고운데
음지에도 꽃을 피울 수 있을까

따뜻한 가슴 토닥이다
마지막 한 번

내일은 웃을 수 있는
인생의 꽃을 피워보고 싶다

나의 기다림

밝아오는
문전門前에서
그대 그리는 날 바라보며
세연世緣의 만남을
기다리고 있었나 보다
하얀 기다림에
까만 어둠 걷어내고
붉은 태양보다도
뜨거운 가슴 열어
그대 고운 숨결 품고 가리라

홀로 가는 아리랑

빨간 동백 피는
겨울 오면
성난 파도 가슴 치고

몰운대 홀로 앉아
수평선 바라보며
파도 소리 벗 삼으니

고독
인생
사랑이 무엇인지

철썩이는 파도는
외로움의 타박인가

붉은 태양 물들어가는
노을빛 곱기만 하니
눈시울도 붉어진다

성당聖堂

우보천리牛步千里 가는
세월 앞에 서니
가는 것처럼 오는 것처럼
멈칫멈칫
가는 것이 세월이었네
부모님의 초대로 왔던 인생
해는 뉘엿뉘엿 저물어
피곤한 이 한 몸 지쳐 오다 보니
하느님 앞에 무릎 조아리고
두 손 모아 기도할 줄 누가 알았겠소
한 번 왔다 가는 인생
사랑을 베풀다 가고 싶네
훗날 주님 앞에 설 때
구구한 변명 없는 참 나를 볼 수 있게
비움도 성찰省察이니
나 진리의 말씀 듣고 여기 와있네

해는 지고 있는데

가을 향기
풍기는 길목에 서면

나는 옛 향기 찾아
코를 연신 씰룩거린다

풋풋했던 그 향기가
좋았는데

날아 가버렸으니
어찌해야 찾을지

어둠은 깔려오고
어이구! 야단났네

길 따라 황매산 오니

연분홍 꽃잎 따다
연한 꽃물 들이고
예쁜 옷 한 벌 지었더니
오월의 옷맵시
천사가 따로 없소
살구빛 미소
그대에게 취해봄도
좋을 듯하여

다 쓰지 못한
인생 여백 촘촘히 채워
함께 써볼까 하네만
여보시게 자네 생각 어떠하신가
한 말씀만 해주소

내일 아침
해돋이는 함께 보면 좋겠소

스쳐 간 세월

내가 누굴 기다렸나
풀꽃 바람 흔들림에
가슴이 두근거린다

올 사람도 없는데
창밖을 힐끗힐끗

찻잔 속에 담긴 사연
향기로 피어나
혼자 중얼거리다

눈 끝 주름 고이 접어
빙그레 웃어본다

떠나보낸 저 세월
희미하게 지워져 가는
추억 묻은 흑백은
찰나에 스쳐 갔고

뉘엿뉘엿 저물어져 가는
붉은 석양빛 바라볼 때
가슴이 따뜻해져
살며시 품고 보니
그것은 그리움이었네

보고 싶다

녹색 바람 불어오니
그리움 밀려오고

멀리 접어 두었던
사라져 간 옛 모습

허공을 맴돌았던
그 모습이
날 찾아왔네

오륙도 가는 길

파도 소리 철썩이는
해변 길 걷다

따스한 볕살에
얼굴 내밀고

바위에 부서지는
파도

수평선 너머
바람에 묻어오는 향기

언저리에 핀 풀꽃도
계절을 유혹하니

바람에 얼굴 붉히며
해맑게 웃는 꽃잎과 햇살

모두가 어우러지는
오륙도 해안 길

고향에 가면

그곳에 가면
지금도 볼 수 있을까
고향의 푸른 하늘

그곳에 가면
날 기다리던
어머님의 그림자도 있을까

그곳에 가면
날 불러 주던
동무도 만나 볼 수 있을까

그곳에 가면
내 어릴 적 뛰놀던
추억도 남아 있을까

그곳에는
지금쯤 풍성한
가을을 따고 있겠지

고향의 하늘빛은
언제나 아늑한
엄마의 품속같이 편안해서
나는 좋더라

종소리

성경 한 구절에
마음 비워지고

성가 한 소절에
마음의 고요를 부르니

번잡한 마음
봄 산 눈 녹아내리듯

내 삶은 이렇게
흘러서 왔네

내일 해 뜨고
성당 종소리 울리면

성전 앞에서
나의 본 모습 찾아 고백하리

편안한
마음의 쉼터 찾아왔다고

따뜻한 사랑

사랑하는 사람아
시린 찬바람
불어오지 않았다면

우린 어디서
따뜻한 체온을 얻어
아름다운 사랑을
만들 수 있었겠는가

겨울이 없었다면
떨림 없는 꽃잎
무엇으로 예쁘게 피었겠는가

예쁜 꽃잎은
향기를 품고 나비를 부르듯
떨림으로 살며시 필 때
색도 향기도 아름답겠지

한 생각

고요한 달빛 아래
생각은 흩날리고
보는 앞이 막막하여
여기는 어딘가 돌아보니
집 앞에 와있네
가로등 불빛에 하얀 종이 한 장
허공을 향해 날아올라가도
붙잡고 싶은 마음도 생각도 없어
그냥 두고만 보고 있을 뿐
작일昨日에 필 듯했던
달맞이꽃 피우지 못했으니
간간이 들려오는 고양이 울음
나도 모르게 소리라도 지르고 싶지만
나오지 않는 목청이라
내가 왜 이러고 여기에 있지
발길을 돌려 어디론가
멀리 떠나고 싶다
아침 해 뜨는 시각까지

겨울

먼 바다
해무 자욱하게 피어나고

바람이
바다를 때리니

갯바위에 철석이며
하얗게 깨어지는 파도

해풍에 빨간
동백꽃 향기 피어나니

텅 빈 가슴이
따뜻해져 오고 있다

둑길 따라

시냇물 흐르는 소리
수양버들 춤추고

골 따라 파릇파릇 보리골
긴 겨울 잘도 견뎌왔네

동무들과
뛰놀다

푸른 삼월 하늘 보고
씰룩쌜룩 웃으며

굴렁쇠 굴리고
뜀박질했던

그 시절
추억 묻은 동심

수양버들 춤추던
그곳
지금도 생각이 난다

독백

가을 지는 뜨락
달빛에 물들고
조곤조곤 얘기하다
바람에 밀려가는
구름 쪽배 사이로
새벽달은 기울어
귀뚜라미 소리가
벗이 되어주니
쓸쓸함을 잊게 해준다

바람이 밟는 낙엽 소리
시월의 독백 그 잔을 마시며
바람아
구름아 쉬었다 가자
달도 지고 없는데
바람에 흩어지는 낙엽이
상냥히 화답 주네

세월 한번 빨리 가네

인생아 놀다 가자
갈 길 정해졌는데
뭘 그리 바삐 가나

풍광 좋은 정자에 앉아
흩날리는 잎새 보며
시 한 수 엮어 쓰고

매미 가락 장단에
인생 한탄도 하면서
쉬었다 가세

봄꽃처럼 피었다
들꽃처럼 지는 것이
인생 아니던가

계절 바람 한 자락에
가슴 식히며
놀다 천천히 따라 가겠네

내가 가야 할 인생 여정
굽잇길 돌아간들
다 아는 길 아니던가
천천히 놀다 가겠네

잎의 향기

봄비에 반짝이는
잎새

그 향기가
마른 가슴 적셔주니

피는 꽃잎처럼
나도 벙글어 웃으면서

꽃비 내리는
빗속을 걷고 있네

| 시평 |

상실과 그리움의 만남

정 경 수
시인, 수필가, 문학박사

1. 들어가면서

 첫 시집의 서문에서 심헌수는,
"지난 세월 닫혀있었던 어둠의 긴 시간 나의 작은 마음과 생각을 한 권의 책으로 엮어 세상 밖으로 내밀어본다 빈 공간 속에서 쓰다 지우기를 반복하며 나를 토닥였던 아픔의 세월 그 누구에게도 털어놓지 못했던 말…"(후략)고 서술하고 있다.
 '어둠의 긴 시간', '누구에게도 털어놓지 못했던 말'에서 그의 숨은 내밀한 언어가 무엇일까 궁금증을 불러일으킨다.
 오랜 삶의 고비를 넘어오는 동안 가슴에 쌓여있던 아픔을 씻어내는데 이 시가 그런 역할을 했는지는 작품 속에 알레고리화 된 언어의 바다를 헤어보아야 알 것이다.

　우선 127편의 작품은 일상적으로 두 권의 시집 몫이다. 첫 시집으로서 이 많은 시를 오랜 기간 써 왔다면 상당한 시력을 가졌을 것으로 짐작된다. 이것 역시 시를 천착해보아야 알 일이다.

　전체 시를 일별해 보면 우선 쉽게 읽혀진다는 것이다. 이는 시적 기법인 함축이나 알레고리화를 통한 난해한 언어가 아닌 자연스럽게 표출되는 서정적인 언어를 사용했기 때문일 것이다. 어둡고 숨길만 한 무엇이 잡히지 않는다. 그러나 자세히 그 심안의 너머를 살펴보면 그는 시를 통해 내면의 열화 같은 아픔을 식히고 있음을 직감하게 된다.

　심헌수가 먼저 가까이 부르는 것은 자연이다. 꽃이며 계절이며 바람이고 세월이다. 또 한 측면은 그리움과 기다림과 사랑의 추구다. 이것은 사랑의 결핍에서 오거나 상실에서 오는 충족에 대한 갈망의 문제일 것이다. 시집의 제목 『그리움이 시가 된다』에서 이미 그가 추구하는 방향을 확연히 제시하고 있는 것이다.

2. 계절의 서정 - 자연과의 교감

● **봄을 그리워함**

　계절의 노래 중에 봄을 노래한 것이 많은 양을 보인다. 우선 '봄'이 들어가는 작품을 보면, 「봄눈」, 「봄바람 청춘」, 「봄비 내리는」, 「봄이 오는 소리」, 「고향의 봄」이 있고, 봄의 이미지를 내포하고 있는 시로서는 「하얀 민들레」, 「버들가지」, 「사월이 오면」이 있다. 그밖에도 「마음」, 「새싹 돋는 날」, 「너의 향기」, 「꽃이 피네」, 「달빛 속에 핀 단청」, 「잎의 향기」, 「자꾸만 보고 싶네」, 「바람의 향기」, 「들꽃」, 「이야기」 등이 봄을 소재로 하고 있는 시들이다. 폐칩된 겨울, 어둠의 터널을 지나 환히 열리는 곳이 봄일진대, 그가 추구하는 봄은 예찬의 봄이고 그리움과 조우하는 봄이다. 봄은 그에게 있어서 삶의 구원이며 희망의 화신이다.

　　　진눈깨비 녹는
　　　삼월이라

　　　봄바람이 안부를 전해 오니
　　　마음이 콩닥거려

　　　피어나는 꽃잎에
　　　안부를 써 붙이다

그리움이 녹아내려
사랑인가

꽃을 피운 가지에
마음 걸어 놓고

바람 부는 꽃길에서
그대 부르고 있네

「꽃바람에 띄웁니다」 전문)

 봄바람 자락에 마음이 콩닥거리는 소년의 순수가 묻어나는 내면은, 그리움을 기다리는 간절한 마음이 비친다. 과장되지 않은 쉬운 언어는 동심시적인 느낌을 준다. 나이 육십 중반의 장년이 열 살도 안 된 어린이 마음을 가지는 순수한 서정이 돋보인다. 간절한 그리움이 있기에 아이가 어른에게 보채듯 봄과의 대화를 나눈다.

"…나의 마음은 늘 봄바람 청춘인 것을…"
「봄바람 청춘」 중

"…임의 향기 가슴에 품고 봄 길 걸어가리라…"
「새싹 돋는 날」 중)

 봄은 어쩌면 상실의 나를 건져주는 메신저 인지도 모른다.

● **가을의 외로움**

 가을은 그에게 있어 고독과 외로운, 그리고 그리움의 시간으로 다가온다. 이것은 인간 보편적인 정감이지만 심헌수의 시는 더욱 간절하게 가을을 노래하고 그 속에 그의 기다림과 그리움을 노래하고 있다.

 가을은 남자의 계절이라고 했던가? 상실되어 가는 자연의 섭리를 작자는 자신의 외로움으로 받아들이고 그리고 그리움에 자신을 맡긴다.

 「시월의 국화 향기」, 「바람 그리고 가을」, 「남겨진 오늘」, 「바람과 잎의 사이」, 「장안사의 가을」, 「가을」, 「저 소리가」, 「바람 따라」, 「빈 가슴」, 「내 마음 풍금 치면」, 「가을비 오는 아침」, 「연정」, 「꿈이었네」, 「꽃잔에 담은」, 「마음은 겸손이라」, 「빈손」, 「달빛 그림자」, 「노란 미소」, 「한가위 달빛」 등 가을을 노래한 시도 상당한 수에 달한다.

 「가을」이란 시를 살펴보면 우선 짧고 간결하다.

 "…저녁노을 빛 유리잔에 담고 보니 가을은 향기로 변해 있네…"에서는 시각의 청각화와 촉각화를 아우르는 공감각적 이미지를 표출하고 있다.

새벽이슬 맑으니
아침 공기 차갑고

저녁노을 빛
유리잔에 담고 보니

가을은 향기로 변해 있네

「가을」 전문)

 다섯 줄의 아주 짧은 시행이지만 우주를 잔에 담는 기술이 있는가 보다.

「가을비 오는 아침」도 산뜻한 이미지를 떠올린다.

똑똑 떨어지는
새벽 빗소리가
단잠을 깨워

살며시
창문 열고 밖을 보니
바람이
한 줌 그리움을 놓고 갔네

(「가을비 오는 아침」 전문)

3. 그리움의 정서

● **그리움은 어디에서 오는가?**

 이순耳順을 넘어 자신의 인생을 관조하는 나이가 되면 지난날 모질게 겪어온 상실의 아픔과 좌절의 삶이라 할지라도 자연을 통한 그리움의 정서를 자아내는 것이 아닌가 생각해 본다. 예술이 인간을 구제하는 한 기재가 된다면 그것은 정서를 통한 내면의 정화에 작용하는 것이기 때문일 것이다. 카타르시스의 의미가 이에 상응하는 것이다.

 그리움이란 '어떤 대상을 좋아 하거나 곁에 두고 싶지만 그럴 수 없어서 애타는 마음', 또는 '사랑하는 마음으로 대상에 보내는 간절한 생각' 이란 의미를 가진다. 돌이켜 보면 지난 과거는 어느 정도의 채색을 통하여 아름답게 각색되어진다. 이러한 정서는 자연을 통해 다시 돌이키는 시간을 가질 때 비로소 정서와 맞닿는 것이다.

 이해인은 "…마르지 않는 한 방울의 잉크 빛 그리움이 오래전부터 내 안에 출렁인다.…"라고 하고, 이것은 지우려 해도 지워지지 않는 그리고 다시 번져 오는 그리움이라 했는데, 심헌수의 사랑하는 마음도 그리움이란 정서를 이 가을의 고독 속에서 건져내고 있다.

심현수는 특히 가을을 그의 시 소재로 많이 도입하고 있다. 조락의 가을을 통해 고독과 외로움의 마음 자아내고 비로소 그리움의 정서에 닿는 일련의 과정이 자연스럽다.

박경리는 '그리움엔 길이 없다.'고 했는데, 아마 그리움으로 다가가는 길을 말한다면, 예술의 세계를 통해서만이 비로소 그리움에 다가갈 수 있다고 생각한다.

> 가을 향기
> 풍기는 길목에 서면
>
> 나는 옛 향기 찾아
> 코를 연신 씰룩거린다
>
> 풋풋했던 그 향기가
> 좋았는데
>
> 날아 가버렸으니
> 어찌해야 찾을지
>
> 어둠은 깔려오고
> 어이구! 야단났네
>
> (「해는 지고 있는데」 전문)

과거의 풋풋한 향기는 날아가 버리고 이제 자신은 늙어가고 있는데, 이거 야단났다고 푸념을 늘어놓고 있다. 그리운 향기를 반추하면서 날아가 버린 과거의 추억이 실타래 풀리듯 그에게 다가온다. 그리고 내가 서 있는 좌표를 비로소 깨닫듯 약간의 능청을 부린다. 금방 알았다는 듯이. 그러나 이미 시를 통하여 그는 지난날의 상실과 좌절의 아픔을 발견하면서 그리움을 치환하고 아픔의 상처를 쓰다듬고 있는 것이 아닐까?

　　　　가을이
　　　　바람에 익어

　　　　코끝에 묻어오는
　　　　들국화 향기

　　　　그 향기와 함께 숨을 쉬니
　　　　그윽한 가을 맛이라

　　　　옆을 돌아다보니
　　　　갈바람만 불어가네

　　　　　　(「바람 그리고 가을」 전문)

　공자님은 육십에 이순耳順이라 하셨는데. 심 시인도 비로소 주변을 살피고 홀로 선 자신의 모습을 발견하게 되는 것이 가을이라고 본 것이다.

세르반데스는 『동키호테』에서, '너 자신을 아는 것을 너의 일로 삼으라. 그것은 세상에서 가장 어려운 교훈이다.'라고 갈파했는데, 인생을 웬만큼 살아도 우리는 자신의 실체를 돌아보지 못하고 앞만 보고 질주하는 삶을 사는데, 이것이 현대인의 약점 중의 하나가 아닌가 생각한다. 이는 자신에 대하여 곰곰이 생각하고 관조할 겨를과 정신적 여유가 없기 때문일 것이다. 그러므로 나에게 환난이 닥치고 상실과 좌절이 어느 날 번개처럼 닥칠 때 비로소 겸허하게 나를 반추해 보는 것이 사람들의 일반적인 생각이고 느낌이다.

'고통을 잊어버리는 것이 그것을 치료하는 길'이라고 하지만 그것이 고착되어 우리를 떠나지 않고 오랫동안 괴롭히는 것이다.

그러나 시인은 주변을 돌아다보고 허망하게 스쳐간 지난날 모든 것을 흘깃 살펴본다. 키츠는 "작은 즐거움은 많은 고통을 죽인다."고 했는데 시를 통해 그는 새로운 즐거움을 찾아내고 있다. 그리고 이렇게 가을을 노래하고 있다.

    가을 지는 뜨락
    달빛에 물들고
    조곤조곤 얘기하다
    바람에 밀려가는
    구름 쪽배 사이로
    새벽달은 기울어

귀뚜라미 소리가
벗이 되어주니
쓸쓸함을 잊게 해준다

바람이 밟는 낙엽 소리
시월의 독백 그 잔을 마시며
바람아
구름아 쉬었다 가자
달도 지고 없는데
바람에 흩어지는 낙엽이
상냥히 화답 주네

「독백」 전문)

● **고독 그리고 그리움**

도로우는 『월든 숲속의 생활』에서, "고독처럼 다정한 친구는 이제껏 발견하지 못했다."라고 했다. 도로우는 미국의 증대하는 물질문명의 발전을 거부하고 스스로 월든 숲속으로 들어가서 호숫가에 오두막을 짓고 자급자족하는 삶을 살면서 자연과 더불어 고독한 삶을 살았지만, 평범한 사람들이야 고독을 사서 하기도 어렵지만 고독을 즐기는 단계에 가기는 그리 수월치 않은 일이다. 고독 때문에 우울증까지 들어 스스로 목숨을 끊는 경우를 생각하면 쇼펜하우어의 말처럼 〈고독이라는 병〉은 무서운 심리적 기재가 될 것이다.

심헌수에게 있어서의 고독은 사랑하는 이의 상실로 인한 외로움이요 연이어 오는 삶의 좌절이다. 절절한 사부곡이 이어진다.

㉮
겨울이 추워서/따뜻한//
봄을 불렀더니/봄은 간곳없고//
뙤약볕에/덩그러니//
지나간/세월만 세고 있네//

(「마음」 전문)

엄동의 겨울이 가고 희망과 기다림의 봄도 사라지고 문득 돌아보니 나는 여름 뙤약볕 속에 홀로 벌거벗고 타고 있는 나의 모습을 발견한다.

㉯
민들레 홀씨/바람에 날려//
기약도 없이/어디로 날려 갈까//
흙 내음 향기는/씨앗과 어우러져//
척박한/돌부리 밑이라도//
봄이 오면/꽃은 또 피겠지//

(「너의 향기」 전문)

민들레 꽃씨처럼 홀연히 날아가 버린 그대, 민들레는 내년이면 척박한 돌 밑에라도 피어나겠지만, 훌쩍 가버린 당신은 돌아올 기약이 없다.

㉰
빨간 동백 피는/겨울 오면/
성난 파도 가슴 치고//
몰운대 홀로 앉아/수평선 바라보며/
파도 소리 벗 삼으니//
고독/인생/사랑이 무엇인지//
철썩이는 파도는/외로움의 타박인가//
붉은 태양 물들어가는/노을빛 곱기만 하니/
눈시울도 붉어진다//

「홀로 가는 아리랑」 전문)

  그대가 간 빈자리 고독이 엄습하고 고통이 물결친다. 속으로 터트리는 절규가 빨간 동백처럼 탄다. 붉은 태양처럼 이글거린다. 내 가슴엔 그리움의 물결이 도도히 물결친다.

㉱
님은 가고 없는 그 자리/그리움 싹이 트고//
인고의 세월/어찌 견뎌 왔을까//
그림자도 없는 그리움은/향기도 없는데//
동지바람 불어오는/긴긴밤//
문풍지 떨림소리/붙들고 누울까//
창밖/새벽달 걸어놓고//
떠나간 그림자 밟힐까/긴 밤 지새우고 있네//

(「그 자리」 전문)

  외로움의 자리에 그리움이 오고, 고통의 세월을 문풍지 떨림 소리와 같이 해야 한다는 절박한 현실을 노래한다.

㉮

잠결에 들여오는/토닥이는 빗소리가//
날 깨우니/외로움이 밀려오네//
마음을 다독이다/애써 비죽이 웃으며//
혼자만의/상념에 빠져든다//
새벽 빗소리에/연신 두 눈만 껌벅이며//
마음과 생각은/먼 길 떠나고 있다//

「그리운 생각」 전문)

　외로움은 혼자만의 고통이요 허탈의 시간들이다. 훌쩍 먼 길 가고 싶은 충동을 어쩌랴.

　㉮시에서 문득 혼자인 자신을 발견하고 ㉯시에서는 정처 없이 훌쩍 가버린 임을 흩날려 흩어지는 민들레 꽃씨로 알레고리화 하고 ㉰시에선 홀로 상실의 대상을 찾아 헤매는 정처 없는 자신의 영혼을 노래하고 있다. ㉱시에서는 님이 가고 없는 자리에 고독과 함께 찾아오는 그리움을 노래하고 있다. ㉲외로운 심사 이제 어디론가 그리움을 찾아 떠나고 싶은 내면을 표출하고 있다.
　상실이 그에게는 얼마나 큰 아픔으로 오는가. 그리고 그것은 외로움과 그리움을 동반하는가를 여실히 보여주고 있다. 시적 자아는 방황의 길을 헤매게 될 것이다.

4. 기다림의 미학

기다림이 없는 인생은 지루할거다/
… 지루함을 이겨내는 인생을 살려면/
항상 생생히 살아있어야 한다 …

(조병화 「지루함」)

밝아오는
문전門前에서
그대 그리는 날 바라보며
세연世緣의 만남을
기다리고 있었나 보다
하얀 기다림에
까만 어둠 걷어내고
붉은 태양보다도
뜨거운 가슴 열어
그대 고운 숨결 품고 가리라

(「나의 기다림」 전문)

  조병화의 시구詩句대로 심헌수는 고독과 상실의 아픔을 극복하고 생생히 살아 있고자 한다. 상실과 고통에 주눅 드는 자신을 추스르고 다시 열정의 가슴을 열고자 하는 갈망을 표출한다. 밤을 새우는 하얀 기다림을 과감히 걷어내고 심기일전의 시를 쓰려고 한다. 시는 그의 구원자요 동반자이며 반려자가 아닌가.

겨울 가지 물오르니
　　　바람결도 곱다

　　　오늘이 입춘이라
　　　마른 가지에 꽃이 피고

　　　봄 나비 꽃을 찾아
　　　날아들 때

　　　임의 향기 가슴에 품고
　　　봄 길 걸어가리라

　　　　　(「새싹 돋는 날」 전문)

　폐칩의 겨울이 가고 이제 새싹이 돋는 날 임의 향기 만나 함께 봄 길을 걷고 싶다는 열정으로 기다림을 노래하고 있다. 기다림은 참음의 열매라면 '참고 참는 건 참으로 어려운 일'이지만 기다림의 보람이 생겨나는 방편이 될 것이다. 겨울을 이기고 참는 것은 내일 봄이 올 것이라는 희망이 있기 때문이다.
　심헌수가 상실의 고통을 참고 기다리는 방법은 다음 시에서 느낄 수 있다.

　　　인생은 희극
　　　내 삶의 육 막 육장
　　　깔아주는 멍석에 놀아보니
　　　어깨춤 절로 저절로 얼쑤

가는 세월 즐기고
노랫가락 퉁기며
뒤뚱대뚱 흔들흔들
박장대소拍掌大笑하는
여기는 어딘가

다달이 기다렸다
어르신 찾아가 펼치는
가무 소리 공연단
걸쭉하게 놀고 가는
인생 놀이 한마당

(「광대와 글쟁이」 전문)

  육십육 세는 그에게는 아직 청춘의 나이일 뿐이다. 더 나이 많은 분들, 더 외로운 분들, 요양병원을 찾아 자신의 장기를 나누는 봉사의 시간을 가지는 것이다. 이름 하여 〈가무 소리 공연단〉. 근자엔 지역 봉사활동을 위한 노력을 게을리 하지 않는다. 인생은 한바탕 희극이다. 모든 고통도 나의 봉사로 날리고 기쁨의 내일을 위해 시를 쓴다.

빨간 접시꽃잎에
장맛비 줄기가 쏟아집니다
큰 키에 피어있는
수줍은 얼굴

쏟아지는 빗물은
멀리 떠난 임 기다리다
지친 눈물방울인가

오늘처럼 장맛비 오는 날
길 어귀에

예쁜 얼굴 단장하고
빗속에서
당신을 기다립니다

    (「당신은 접시꽃」 전문)

겨울 산자락
봄바람 불어오면
고목에
새 잎은 돋아날까

가지에 연록잎 돋아나고
꽃이 피면
청춘처럼 고울 수 있을까

움츠렸던 계절 가니
고목에도 새싹이
파릇파릇

생각은
꽃바람에 흩날려
옛 기억 찾아가고 있네

    (「고목에도」 전문)

긴 고독의 시간엔 문득문득 찾아오는 삶의 회의도 그를 짓누른다. 그러나 고목에도 잎이 돋을까? 꽃은 피울 수 있을까? 반문하면서, '고목에도 잎이 돋으니 나도 과거를 찾자.'는 당찬 기개로 청춘을 반추한다.

나의 마음은
봄바람 청춘
살아있는 날까지
늘 청춘이라오

가는 저 세월
뉘라서 잡으리오
그래도 나의 마음은
봄바람 청춘

여정의 끝에 다다랐다고
안달하고 아쉬워한들
무엇하겠소

청춘은 늘 설레고
아름다운 것
육신은 변해 가지만
마음마저 변하겠는가

나의 마음은
늘 봄바람
청춘인 것을

(「봄바람 청춘」 전문)

5. 사랑의 연가

● **사랑의 메신저**

  손녀 다솜이에 대한 사랑은 할아버지를 지탱해 주는 작은 버팀목이다. 아가에게 사랑을 주는 순간 아가는 나에게 그보다 백배나 아니 그 이상의 평안과 위안과 기쁨을 주는 것이다.
  내가 대상에게 주는 순수한 사랑이 얼마나 큰 은혜로 오는지를 나는 아가를 통해서 감지하고 있다.

>꼬물거렸던 네가
>초록 바람 이마에 얹어
>많이도 자랐구나
>
>하얀 앞니 솟아나고
>곱게 자라나는 우리 다솜이
>
>우는 모습도
>할아버지는 마냥 예쁘구나
>
>첫돌 지나면
>할아버지 손잡고
>초록 길 걷자꾸나
>
>   (「다솜아 유월이다」 전문)

"사람이 사랑에 빠져 있을 때, 그는 다른 때보다 더 잘 참으며, 만사에 순응한다."고 니체는 설파했다. 그렇다. 성경에서 "사랑은 허다한 죄를 덮는다."고 했는데 죄뿐만 아니라 고통과 슬픔 상실과 피폐한 마음까지도 정화시켜 주는 것이다. 아기에 대한 순수한 마음은 이제 고통과 상실의 각질을 벗고 생생한 삶의 오늘을 꾸려 가라고 작가의 의지를 북돋운다. 아기는 백배 천배의 기쁨으로 다가온 것이다.

● **새로운 사랑의 갈구**

인간을 구원하는 것은 순수한 사랑의 감정이다. 물질도 권력도 명예도 아닌 사랑의 감정. 심헌수에게 있어서 사랑은 바로 구원 그 자체이다. 아니 이것은 인간 보편적인 감정으로 누구에게나 고통을 이겨내는 기재가 될 것이다.

앙드레 지드는 「일기」에서 "고독은 오직 신과 더불어 있을 때에만 견딜 수 있다."고 했는데, 산사山寺를 찾고 자기 정화를 찾던 그는, 손녀 아기에게서 사랑의 메시지를 받고, 고통을 이겨내고 사랑의 새로운 내일을 열려는 의지를 다지게 된다.

당신의 옷깃에서
가을이 오고 있네

스쳐 가는 바람이
가슴에 안기니
사랑인가 싶다

한 잎 두 잎
철 따라 변해가는
색의 오묘함

당신이 있어
세상 빛은 더 고운 것 같다

노란 들국화
향기 마시며
함께 가는 이 길

우리 사랑 향기 속에
구월이 가고 있네

　　　(「구월의 연정」 전문)

　구월이면 사랑이 익으리. 구월이 오는 소리 당신 생각뿐. 구월의 노래가 문득 생각난다.

　　　..................
꿈을 말하고/꿈을 쓰고/
꿈을 노래하고/꿈을 춤추게 하소서//
이 가을에/떠나지 말게 하시고/

이 가을에 사랑이/더 깊어지게 하소서//

(이해인 「구월의 기도」)

 이해인의 「구월의 기도」처럼 고통의 강을 건너 그리움의 산을 넘고 평원에 기다리고 있는 새로운 천지의 개안, 새로운 사랑의 꿈이 바야흐로 익어가는 계절 9월 노래가, 시인 심헌수에게도 찾아오는 것 같다.

> 초록 숲속에서
> 나는 보았네
> 당신의 살구빛 미소
> 뻐꾹새 노래할 때
> 산들바람도 불어왔었지
> 가야산 기슭 걸을 때
> 설레었던 마음
> 뜨거웠던 생각은
> 허공에 뿌려졌고
> 그대 모습 생각하며
> 아침 향기 가득 담아
> 미소 띤다네
> 　　(「우리는 그냥 걸었지」 전문)

 「바람의 향기」는 함께 가는 꽃길이 흥겨운 춤이 된다. 당신과 함께 하기에 바람은 향기롭다. 인생의 전환이 온 것이다.

사월
　　향기에

　　벚꽃 활짝 피어
　　꽃바람 묻어오니

　　바람에 떨어지는
　　꽃비 맞으며

　　흩날리는 벚꽃길 따라
　　터벅터벅

　　　　　(「바람의 향기」 전문)

　상실의 바람이 이제 향기로운 바람으로 다가온다. 함께 손을 잡고 가는 당신이 있기에 고통은 사라지고 기쁨의 시간이 밀려온다. 그리움은 잠자고 새로운 기다림이 앞길을 새롭게 밝히고 있다.

　　낙동강 물줄기
　　지그시 바라보는
　　풍경 좋은 찻집에 앉아

　　창밖에 피어나는
　　봄의 향기 속에
　　마음을 던져 놓고

　　찻잔 속 갈색 향기
　　모락모락 피어나는
　　설렘과 만남의 두근거림

　　……………　(「이야기」 전반부)

새로운 만남과 설레임의 시간 따듯함이 넘친다. 둘의 이야기는 찻잔 속에 녹아들고.

> 달빛 속에 둘이 앉아
> 밀어를 속삭이니
>
> 달이 수줍었나
> 구름 살짝 당겨 덮고
>
> 반가움의 눈물인가
> 밤비를 뿌리고 가네
>
> 　　　(「달밤」 전문)

● **종교에 귀의**

　이제 그는 새로운 종교를 가진다. 신앙은 신념의 문제다. 이천년 정통성을 가진 가톨릭의 귀의는 그의 삶의 귀결이 될 것인가는 확신할 수 없다. 그러나 적어도 그의 시에서는 이런 다짐을 하고 있다. '긴 인생의 굴곡진 삶 속에서 새롭게 찾은 길. 이곳에서 나의 본 모습 찾아 고백하겠다.'고.

> 우보천리牛步千里 가는
> 세월 앞에 서니
> 가는 것처럼 오는 것처럼

멈칫멈칫
가는 것이 세월이었네
부모님의 초대로 왔던 인생
해는 뉘엿뉘엿 저물어
피곤한 이 한 몸 지쳐 오다 보니
하느님 앞에 무릎 조아리고
두 손 모아 기도할 줄 누가 알았겠소
한 번 왔다 가는 인생
사랑을 베풀다 가고 싶네
훗날 주님 앞에 설 때
구구한 변명 없는 참 나를 볼 수 있게
비움도 성찰省察이니
나 진리의 말씀 듣고 여기 와있네

(「성당聖堂」 전문)

그의 신념으로 얻어진 신앙이니 그동안 질곡의 삶이 새로운 경계에서 꽃 피우리라고 믿는다. 신앙은 그곳에 나의 모든 것을 향할 때 비로소 열리는 문이다. 나와 함께 내 십자가를 짊어져야 하고, 고통의 새로운 길을 감내할 수 있어야 비로소 다져진 신앙의 반열에 들어가는 것이다. 이 길은 험난하면서도 고통스러운 길이 될 수 있지만 그 신념을 굳건히 가진다면 남은 삶이 평화와 기쁨 속에 함께하게 될 것이다.

6. 닫으면서

 심헌수의 시는 그의 삶의 궤적이 숨김없이 드러나는 순수한 서정의 길을 걷고 있다. 자연을 통한 자신의 위상을 재단해내는 끊임없는 노력을 추구하고 있다. 특히 계절 속에서 자아를 발견하고 심안을 키워가는 모습이 두드러진다.
 인생의 여정은 단순한 행복의 길만을 걷는 평탄한 삶이 아니다. 험준한 산을 넘고 좌절과 실패와 고통 속에서 끈기 있게 자신을 세워나가는 고행의 길이라 할 수 있다. 심헌수의 삶은 이러한 궤적을 밟으면서 이를 극복해 나가는 삶이었다는 것을 127편의 시 속에서 규지窺知할 수 있었다.
 상실과 좌절의 바다를 건너 시를 받아들이면서 그는 외로움과 그리움을 극복하고 승화 시킬 수 있었고 새로운 삶의 의지를 일깨울 수 있었다.
 심헌수는 시를 통해 고통을 노래하고 외로움을 달래며 그리움의 아픔을 인내를 통해 정화하고 자신의 내면을 반추하는 경지에 이른다. 또한 그리움의 세계에서 자신의 시는 자기 구원의 메신저가 된다.
 이러한 아픔을 딛고 새로운 삶의 문을 두드리며 사랑과 종교를 수용하면서 성공적인 내일을 기약한다. 결국 시는 그의 구원자였고 삶의 인도자였다.

이제 서정의 시세계에서 나아가 사유의 깊은 세계를 천착해 볼 것을 권한다.

끝으로 삶의 올바른 길을 시를 통해 나아가는 진지한 자세에 깊은 경의를 표하며, 새로운 신앙의 나날이 영적인 구원의 길로 나아가기를 기원한다.

심헌수 시집

그리움이 시가 된다

2019년 12월 11일 인쇄
2019년 12월 16일 발행

지 은 이 | 심헌수
펴 낸 이 | 이종형
펴 낸 곳 | 육일문화사
주　　소 | 부산시 중구 복병산길6번길 11
전　　화 | (051)441-5164
이 메 일 | book61@hanmail.net
출판등록 | 제02-01-125호

ISBN 978-89-98445-83-6 03810
값 10,000원

* 잘못된 책은 바꿔드립니다.
* 이 책의 판권은 저자에게 있습니다.
* 저자의 사전 동의 없이 무단 전재나 복제를 금합니다.